CW01666520

Descubrir jugando

temas de in-fan-cia
educar de 0 a 6 años

Tere Majem y Pepa Òdena

Descubrir jugando

OCTAEDRO - ROSA SENSAT

TEMAS DE INFANCIA, núm. 1

Esta obra ha sido publicada con la ayuda de la Dirección General
del Libro, Archivos y Bibliotecas del Ministerio de Educación,
Cultura y Deporte, en el año europeo de las lenguas

Primera edición: septiembre de 2001

Ediciones Octaedro, S.L.
Bailén, 5 - 08010 Barcelona
Tel.: 93 246 40 02 - Fax: 93 231 18 68
e.mail: octaedro@octaedro.com

Associació de Mestres Rosa Sensat
Avda. Drassanes, 3 - 08001 Barcelona
Tel.: 93 481 73 81 - Fax: 93 301 75 50
e.mail: redacción@revistainfancia.org

Traducción: Trabis, s.c.p.
Fotografía de la cubierta: Clara Elías
Diseño y producción: Ediciones Octaedro
Fotos de Pepa Òdena, Clara Elías, Josep M. Serra
y José Luís García Arce

ISBN: 84-8063-496-0
Depósito legal: B. 38.052-2001

Impresión: Hurope, s.l.

Impreso en España
Printed in Spain

Índice

Descubrir jugando

Que los niños y niñas evolucionan, es algo que se da por sabido. Que evolucionan en la interacción con las personas y las cosas, está reconocido científicamente. Que muchos niños, desde muy pequeños, desaprovechan sus capacidades si no reciben una educación correcta, es una triste realidad.

Elinor Goldschmied conoce bien a los niños y niñas y el trabajo de quienes se dedican a su educación. Sabe muy bien que, por naturaleza, los pequeños actúan y juegan con todo lo que está a su alcance, y que, a veces, su necesidad de curiosearlo todo desborda la resistencia del adulto; pero sabe también que este aparente exceso de actividad es necesario para la formación del niño y que, desgraciadamente, con demasiada frecuencia hay adultos poco preparados que empobrecen la actividad de los pequeños, prohibiéndosela, proporcionándoles objetos poco adecuados o negándoles la oportunidad de entrar en contacto con todo aquello que les es necesario para su desarrollo.

La preocupación de la profesora Goldschmied por dotar a los adultos que trabajan con niños pequeños de herramientas que les permitan darles el máximo de oportunidades de crecimiento, la ha llevado a sistematizar un tipo de juego que, como ella insiste en aclarar, no es ni una didáctica ni un método, sino una manera ordenada de aprovechar la actividad espontánea de los niños. El cesto de los tesoros y el juego heurístico con objetos tienen un denominador común en la actividad de los niños: la exploración y el descubrimiento de los objetos. El primer juego es el preludio del segundo, y a su vez este último será más rico cuanto más fructífero haya sido el anterior.

Ambos se ofrecen a los niños y niñas en dos momentos diferentes y correlativos de su evolución: el cesto de los tesoros se presenta cuando los pequeños permanecen sentados, cuando aún no se desplazan y concentran su actividad en la exploración de los objetos, uno a uno, captando sensorialmente sus cualidades; esto es normal en la segunda mitad del primer año de vida.

El juego heurístico se ofrece cuando los niños se desplazan, preferentemente cuando andan, y cuando ya son capaces de poner en contacto de un modo intencionado dos o más objetos; además de sus cualidades, también exploran sus capacidades y comportamiento; esta actividad es propia del segundo año de vida.

Los dos juegos tienen varias cosas en común: parten de la actividad espontánea del niño y la potencian; permiten que el adulto pueda estar disponible para los niños durante su actuación, con lo que se crea una atmósfera de calma y tranquilidad que favorece la actividad infantil; propician que los niños sean activos, les otorgan autonomía y libertad, y facilitan que cada uno siga su propio ritmo; utilizan material no comercializado como juguete; en definitiva, educan a los niños en esta temprana etapa de su vida.

Estos juegos están pensados para que los niños los puedan practicar en grupo, en la escuela 0-3, y en el espacio familiar o en otro contexto educativo; asimismo, ambos tienen un doble objetivo: que las maestras y los maestros, y los educadores en general, encuentren en ellos sugerencias para mejorar la práctica diaria, y el de impulsar las posibilidades de progreso de los niños y niñas, ya que, en definitiva, a ellos van dirigidos los esfuerzos educativos de los adultos.

Tere Majem y Pepa Òdena

El cesto de los tesoros

TERE MAJEM

Se ofrece cuando el niño puede estar sentado

¿Qué es?

El cesto de los tesoros es una propuesta de juego dirigida a niños y niñas de 6 a 10/12 meses. A esta edad pueden permanecer sentados, pero aún no se desplazan demasiado de donde están.

Es una actividad de exploración. Para llevarla a cabo, hay que llenar un cesto de mimbre con objetos de uso cotidiano, escogidos con la finalidad de proporcionar estímulo y experiencia a los cinco sentidos del niño: el descubrimiento y el desarrollo del tacto, del gusto, del olfato, del oído, de la vista, y del sentido del movimiento del cuerpo.

Es una actividad de exploración, concentración y atención

Con el objetivo de estimular los cinco sentidos y el movimiento del cuerpo

Se trata de una recopilación especial de materiales —no son juguetes— que podemos encontrar en casa, confeccionar, recuperar de los comercios o bien comprar. Otros materiales no darían al niño unas referencias tan precisas sobre la superficie, peso, temperatura, forma, color, sonido, consistencia, etc.

El niño se interesa por las cosas que tiene delante

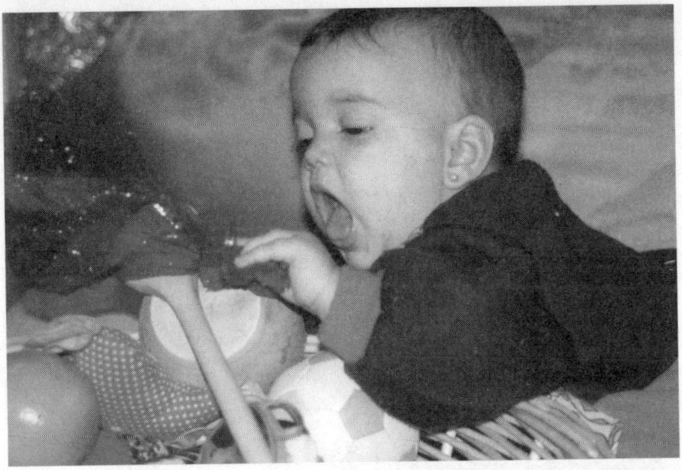

Desarrolla su capacidad de coordinar ojo, mano y boca

El cesto de los tesoros proporciona al niño la oportunidad de interesarse por muchas cosas que tiene ante sí.

Sentado al lado del cesto, puede desarrollar mejor su capacidad de coordinar ojo, mano y boca, puede acceder con más facilidad a los objetos y llevárselos a la boca para conocerlos.

Seguramente, cuando el niño o la niña coge un objeto y lo examina, lo chupa o muerde, su mente se pregunta: «¿Qué es esto?».

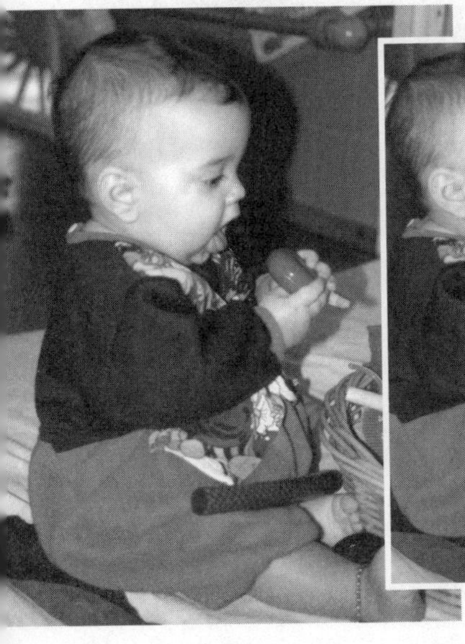
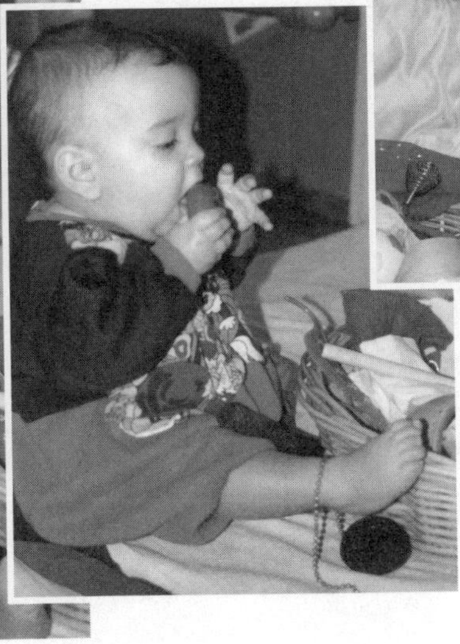
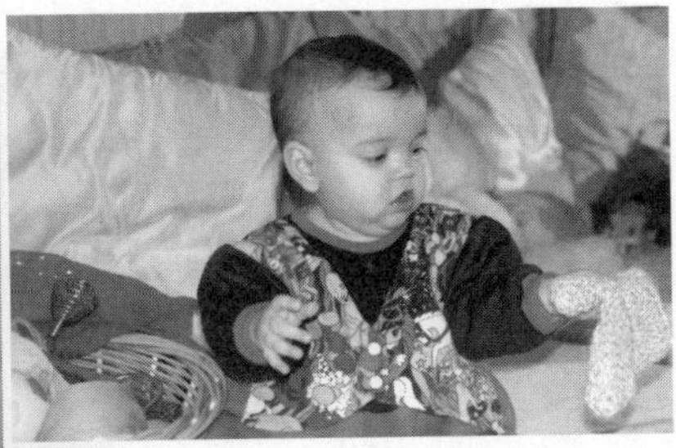

Se lleva el objeto a la boca y, mientras lo chupa o lo observa, a buen seguro su pensamiento se estará preguntando: ¿qué es esto?

Un surtido satisfactorio da respuesta a sus constantes preguntas y les facilita elegir lo que más les interese

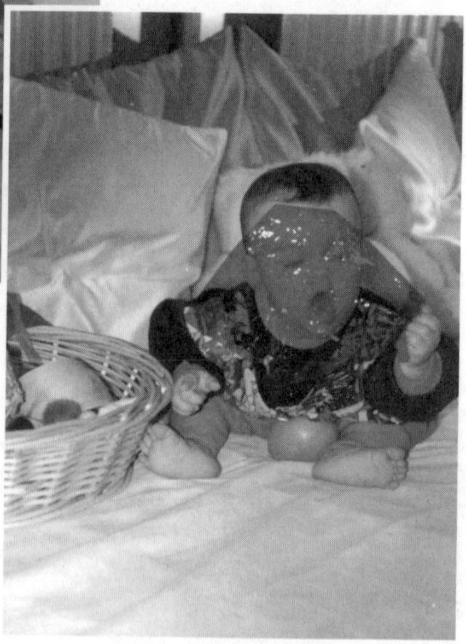

Favorece la «curiosidad innata» por descubrir las cualidades de las cosas

Un surtido satisfactorio de objetos sirve para responder a sus incesantes preguntas, ya que le facilita elegir aquello que más le interesa y favorece su innata curiosidad por descubrir las cualidades y novedades de las cosas.

Con el cesto de los tesoros los pequeños aprenden solos y por sí mismos. El adulto, con su presencia y atención, les da seguridad y confianza.

Cómo se organiza

Los objetos se escogen uno por uno atendiendo a sus cualidades: madera, mimbre, metal, paja, objetos naturales, etc., y se colocan dentro de un cesto de mimbre duro de unos 35 centímetros de diámetro y 8 de altura. Es importante que el cesto sea sólido, plano, estable y que no tenga asas. El niño se ha de poder apoyar cómodamente en él sin que se vuelque.

Los objetos se eligen uno por uno según su cualidades

Se ponen unos sesenta objetos en un cesto de mimbre duro. El cesto ha de ser sólido, plano, estable y sin asas

La selección de los materiales se ha de hacer con objetivos creativos y renovadores para ofrecer a los niños la mejor «dieta mental»

El cesto se llena completamente con un mínimo de sesenta objetos. Se puede considerar que este es un número satisfactorio. Se lo presentaremos al niño de una manera atractiva y así lo mantendremos. La selección de los materiales se hará atendiendo a objetivos creativos y renovadores, es decir, tenemos que pensar y plantearnos cómo podemos proporcionar a los niños la mejor «dieta mental», equilibrada y estimulante.

Se presenta de una manera atractiva y así debe mantenerse

Es conveniente situar el cesto en un rincón estable de la sala de juegos de los pequeños, sobre una alfombra. Un sitio propio en el que puedan jugar cómodamente un máximo de tres niños al mismo tiempo; los niños y niñas estarán sentados alrededor del cesto y muy cerca de él: así podrán acceder fácilmente a los objetos con las manos, y les será más fácil mantener el equilibrio. Hay que evitar interferencias y favorecer siempre la libre exploración, manipulación, concentración y atención de los pequeños.

El cesto de los tesoros en un rincón estable de la sala de juegos de los pequeños

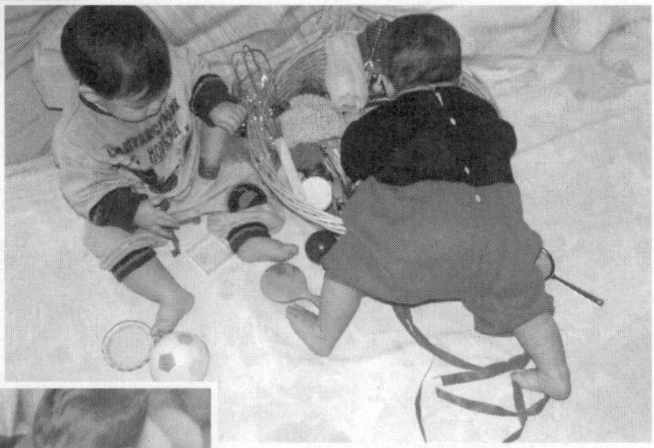

Un lugar propio en el que puedan jugar tres niños a la vez, cómodamente sentados, y acceder fácilmente a los objetos sin riesgo de perder el equilibrio

A través del juego, les ayudamos a establecer los primeros contactos, comunicaciones e interés mutuo mientras juegan con los objetos del cesto. Estos objetos son auténticas herramientas de aprendizaje y como tales se han de respetar, aunque muchos de ellos sean utensilios domésticos de uso cotidiano o materiales de la naturaleza sin ninguna finalidad concreta.

Los objetos favorecen que entre ellos se establezcan los primeros contactos, comunicaciones e interés, por medio del juego

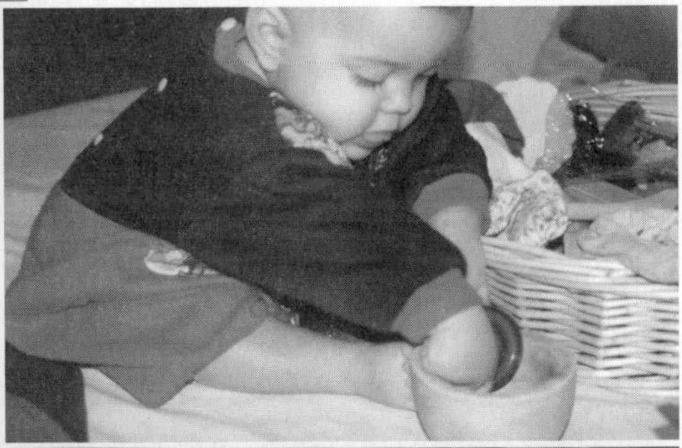

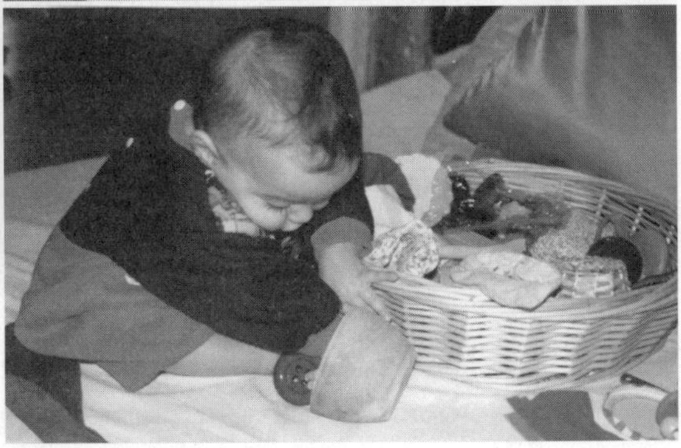

Los objetos del cesto son verdaderas herramientas de aprendizaje

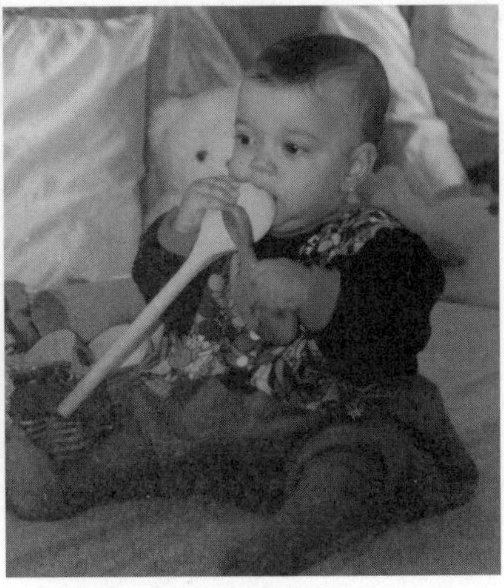

Muchos objetos son utensilios domésticos

Cuando en la escuela 0-3 se decide llevar a cabo una actividad como esta, hay que prepararla contando con el interés, la reflexión y la colaboración de todos los miembros del equipo, y pensando también en cuál será la mejor manera de que los padres y madres participen y se impliquen en la actividad de recolectar objetos y en la observación de la evolución de sus hijos.

Es importante y necesario observar cuáles son las preferencias, procesos, actividades y actitudes de los niños y niñas con cada objeto en concreto, para determinar en base a qué criterios deberemos renovar el material. Sólo se renovarán unos cuantos objetos periódicamente. Para los niños, los antiguos serán los puntos de referencia y los nuevos un estímulo que los hará mantenerse activos, creativos y entretenidos.

Todos los objetos elegidos deben poderse lavar a diario, hay que mantenerlos en buen estado, e ir eliminando los que se vayan estropeando. Deben ser renovados con cierta frecuencia: un objeto que permanece demasiado tiempo en el cesto no estimula el interés del niño ni satisface su curiosidad exploratoria.

El adulto se sentará cerca de donde juegan los niños, en una silla ni demasiado alta ni demasiado baja; de este modo se mantendrá a una distancia óptima para observar el juego, sin interferir en la acción de los pequeños y proporcionándoles seguridad por medio de su mirada y su presencia, atenta e interesada, receptiva y disponible para todos ellos.

Los objetos

El propósito de esta colección de objetos es despertar al máximo los sentidos de los pequeños.

- *El tacto*: forma, textura, peso y temperatura a través del descubrimiento de la mano.
- *El olor*: variedad de olores.
- *El gusto*: se ha de procurar que la variedad no sea limitada.
- *El sonido*: tintineo, percusión, fricción, crujido y ausencia de sonido.
- *La vista*: color, dimensiones interesantes, forma, luminosidad, brillo.

Un objetivo importante de esta colección de objetos es despertar los cinco sentidos de los niños

El cesto de los tesoros no contiene objetos de plástico, ya que éstos sólo aportan variedad de color. Además, en su entorno habitual ya hay muchos objetos de esta clase

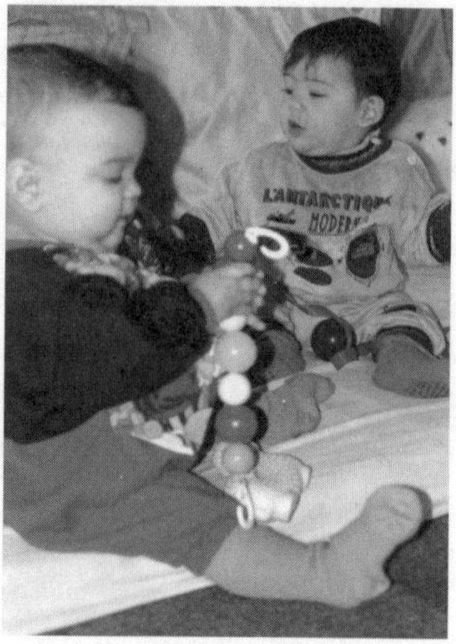

El cesto no contiene juguetes comerciales ni objetos de plástico, ya que éstos sólo aportan variedad en cuanto al color. La vida cotidiana ya está llena de colores. Sobre todo interesa ofrecer a los niños toda clase de materiales naturales, que normalmente no están a su alcance, con el propósito de proporcionarles la gama más amplia posible de experiencias sensoriales.

Cómo podemos clasificar los objetos

OBJETOS NATURALES

- Piedras de más de 5 cm
- Cáscaras de coco
- Calabazas secas
- Castañas grandes
- Piedra pómez
- Trozos de corcho grandes
- Nueces grandes
- Limón
- Manzana
- Granada
- Caracoles de mar de formas redondas y suaves
- Cortezas de árbol: pino, alcornoque, etc.
- Tapones de corcho

OBJETOS DE MATERIALES NATURALES

- Ovillo de lana
- Cestos pequeños
- Flauta de caña
- Calzador de asta
- Cuchara de asta
- Peine de asta
- Cepillo de uñas de madera
- Alfombrilla de rafia
- Cepillo de dientes
- Brocha de afeitar
- Cepillo de zapatos pequeño
- Pincel o brocha
- Brocha de maquillaje
- Bolsa de rafia con asas

OBJETOS DE MADERA

- Cajas pequeñas
- Tambor pequeño
- Sonajeros
- Pito de bambú
- Castañuelas
- Botones de colores ensartados en un hilo consistente
- Cubos y dados
- Cilindros
- Carretes
- Bobina de hilo
- Anilla de cortina
- Cuchara o espátula
- Huevera
- Bol pequeño
- Mano de mortero
- Pinza de la ropa
- Bolillo
- Platillo
- Cucharón pequeño
- Cuchara de miel
- Carraca
- Trompeta
- Bigudí
- Huevo
- Servilletero
- Espejo con marco de madera

Objetos metálicos

- Cucharas de diversos tamaños
- Batidora de huevos
- Juego de llaves
- Abridor de botellas
- Flanera
- Cepillo para limpiar biberones
- Latas sin ángulos puntiagudos ni cortantes
- Cenicero pequeño
- Trompeta de juguete
- Moldes de pasteles
- Exprimidor
- Carrete de máquina de escribir
- Embudo pequeño
- Anillas de cortina de cobre
- Armónica pequeña
- Prensadora de ajos
- Pito
- Espejo con marco metálico
- Pinzas sujetapapeles de tamaño grande
- Anillas enlazadas
- Juego de cascabeles
- Triángulo
- Huevera
- Latas cerradas conteniendo arroz, judías o pequeñas piedras
- Colador de té
- Tapaderas
- Taza
- Trozos de cadenas
- Timbre de bicicleta
- Tapón de frasco de perfume
- Cazo para preparar infusiones
- Cadena de bisutería de cierto grosor (40 cm aprox.)
- Llavero
- Cencerro
- Campanilla
- Trompeta

Objetos de papel y cartón

- Libreta pequeña de espiral
- Cajitas de cartón
- Tubos de cartón
- Conos y cilindros de cartón

Objetos de piel, tela, goma, fieltro

- Monedero de piel
- Bolsa pequeña de piel
- Pelota de goma
- Pelota de cuero
- Tubo de goma
- Muñeca de trapo
- Pelota de tenis
- Pelota de golf
- Funda de gafas
- Oso de peluche
- Bolsas pequeñas con lavanda, tomillo...
- Tapón de bañera con cadena
- Bolsita bordada
- Tope de goma para puertas
- Flotadores de corcho
- Red de pescar
- Anillas de goma de cafetera
- Cintas de texturas y colores variados
- Cremallera
- Trozos de goma elástica
- Espátula de goma
- Agarrador de cocina (de tela, de ganchillo)

Objetos de vidrio

- Frascos de perfume pequeños
- Tarros de mermelada pequeños
- Lágrimas de lámpara
- Pomo de armario
- Canicas grandes
- Collar de cuentas
- Tarros de cosmética
- Tapones de botella grandes
- Frasco pequeño

El juego de los pequeños con los objetos

La gran variedad de objetos que ofrece el cesto de los tesoros posibilita que el niño pueda jugar tranquilo, manteniéndose ocupado y concentrado durante largo rato; el pequeño alterna sus ratos de juego con el cesto con otras actividades dispuestas o propuestas por el educador. La maestra decide qué lugar de la sala de juegos es el más adecuado, tranquilo y estable. Un lugar que le permita observar —con actitud dispuesta y sin intervenir— la evolución del juego y la actividad de cada uno de los niños con el fin de favorecer su interés respecto de su propia exploración.

La gran variedad de objetos que ofrece el cesto de los tesoros permite que el niño juegue tranquilo, ocupado y concentrado durante largos ratos

Al principio, el niño coge los objetos porque los tiene cerca y le resultan atractivos: los revuelve por el placer de tocarlos y para gozar de las sensaciones que le provocan su contacto y manipulación.

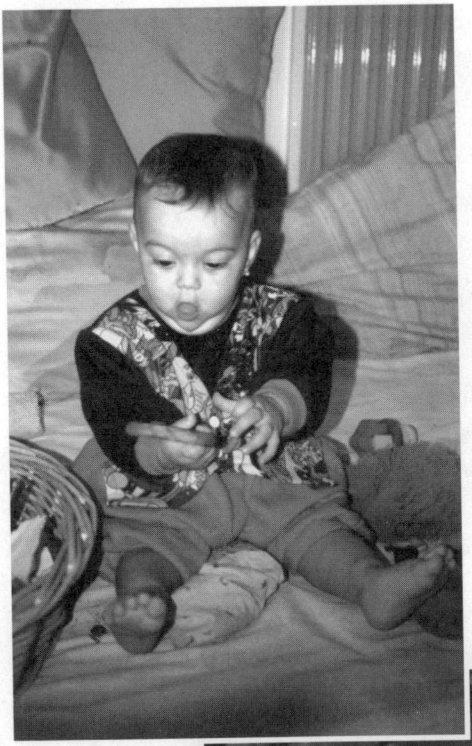

Goza con las sensaciones y descubrimientos que le provocan los objetos

Con el tiempo, su interés y su creciente curiosidad lo hacen capaz de elegir algunos objetos determinados, que le atraen por alguna propiedad o cualidad del material.

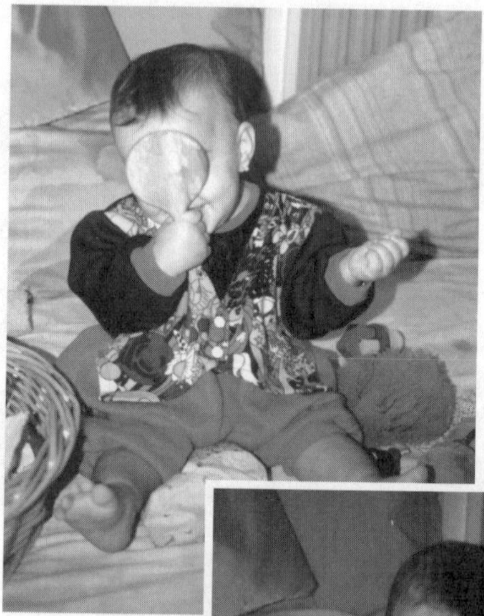

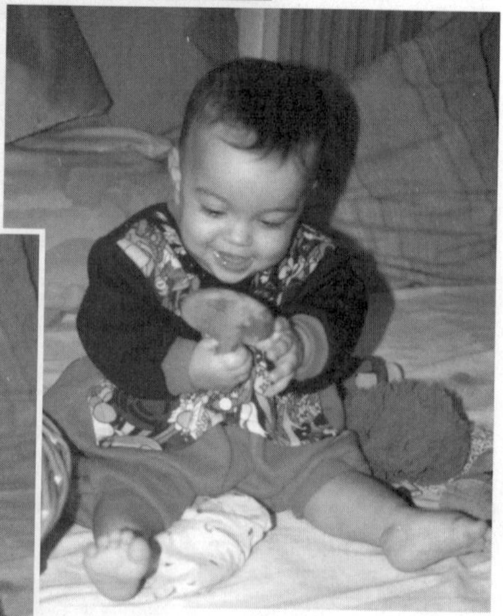

Su creciente curiosidad y los descubrimientos que va haciendo la llenan de satisfacción

Descubre
formas,
colores y olores...

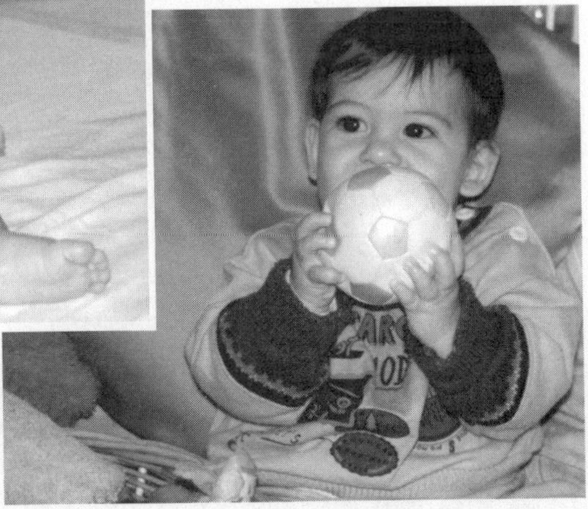

...consistencias

Con todos estos objetos el niño va aprendiendo a elegir y a decidir qué quiere hacer. A su edad, esta oportunidad es muy poco frecuente. Las acciones de exploración de los niños y niñas con los materiales responden a la gran necesidad que sienten de probar la consistencia de las cosas, y lo hacen cogiendo los objetos con las manos, mordiéndolos, succionándolos y manipulándolos.

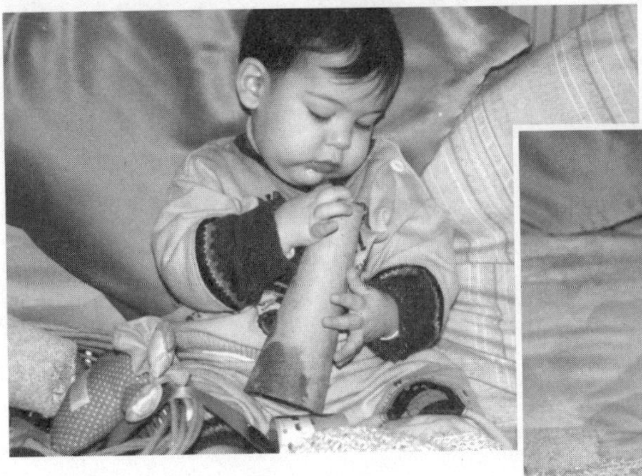

...espacios...

...peso y textura

Mientras juega con los objetos, el niño los mira, los toca, los chupa, los agita, los golpea, los escucha, los observa, se los pasa por la cara y la cabeza, los revuelve, les da la vuelta, los ajusta, los amontona, los mete, los saca, los vuelca, los huele, los comprueba, tantea espacios y volúmenes, los tira... Constantemente busca diversas sensaciones y, cuando está entusiasmado jugando, todo su cuerpo participa en ello. Su tronco se balancea, sus manos y sus pies se coordinan, su cabeza, piernas y brazos se mueven, chilla, ríe y emite sonidos preverbales.

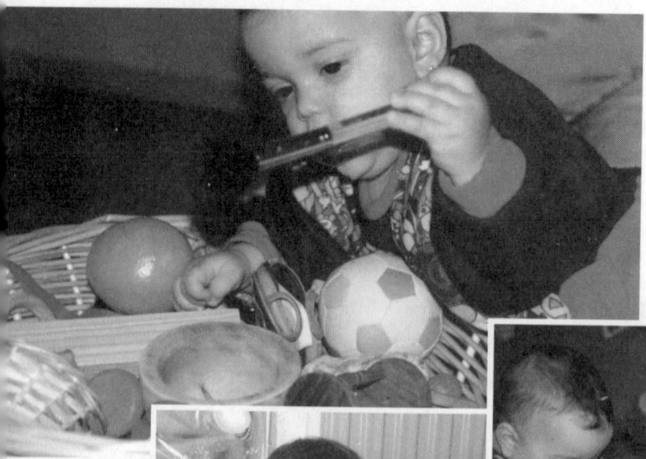

Observa...

...mete, comprueba, muerde...

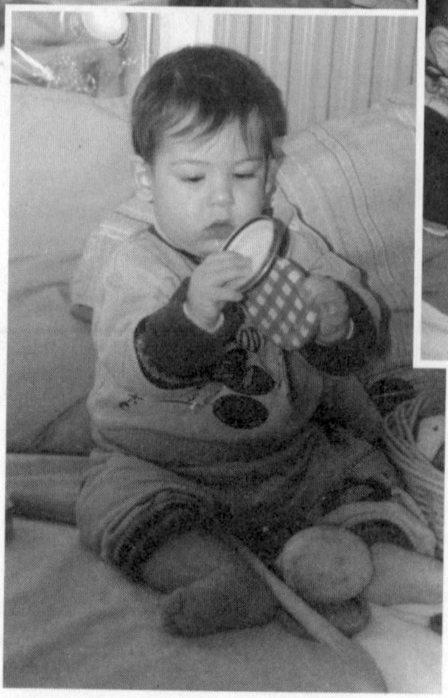

...golpea, escucha, compara...

...sonríe y emite sonidos preverbales...

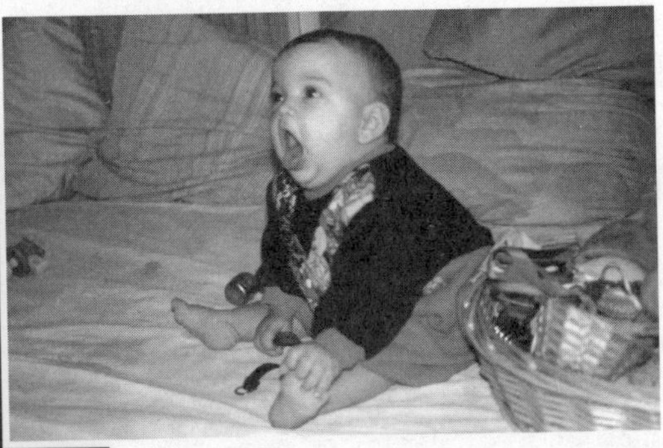

...chilla...

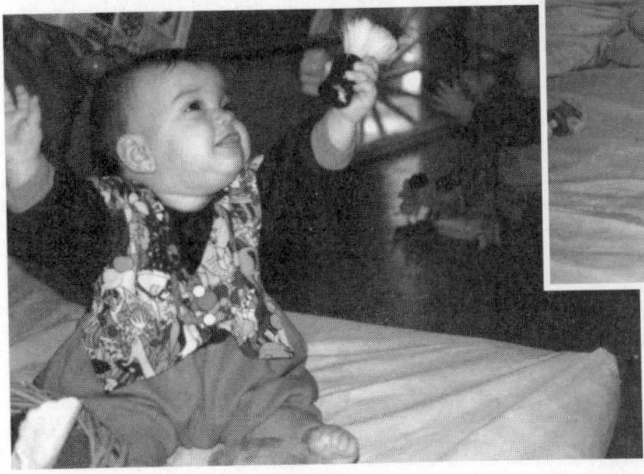

...se comunica... con todo el cuerpo

Aunque el juego sea individual, la manipulación de los objetos, las expresiones del niño y las satisfacciones personales suscitan las relaciones entre ellos: interés por las actividades de cada uno, sonrisas, chillidos, etc.

El papel del adulto

La presencia atenta y predispuesta del adulto favorece y estimula que el pequeño se concentre en la exploración de los objetos del cesto. Una mirada o una sonrisa bastan para entrar en contacto con el adulto. Y eso hará que el niño sienta la seguridad y el placer de continuar experimentando. La curiosidad le empujará a explorar la variedad de los objetos que tiene a su alrededor y buscará las cosas más nuevas y atractivas.

La presencia atenta de la maestra da seguridad y favorece la concentración

Una mirada, una sonrisa bastan para iniciar el contacto mutuo

Es un punto estable de referencia

La maestra no interviene, organiza el ambiente, comprueba que los niños se sientan cómodos y seguros

Aunque el adulto no intervendrá ni interferirá en las acciones de los niños, será un punto estable de referencia para ellos. Es importante que vaya observando la evolución y los progresos de cada pequeño, y que vea qué objetivos quieren conseguir y qué medios utilizan para ello. De este modo podrá conocer los intereses, preferencias y progresos de cada niño o niña.

El adulto es el encargado de organizar el ambiente y de comprobar que los pequeños se sientan cómodos y seguros; asimismo, debe controlar el estado de conservación de los materiales.

La actitud y el interés del adulto motivarán que el niño se vea libre de ansiedad y que se sienta libre para gozar plenamente con sus descubrimientos.

Es interesante que en la escuela 0-3 se lleve a cabo algún tipo de observación que permita elaborar un análisis y una valoración del juego de cada niño o niña. Por ejemplo, cuantificar las actitudes de los niños respecto de los objetos: acciones más frecuentes; evolución del juego; procesos de manipulación y objetos preferidos; intercambios e interacciones verbales y gestuales con los objetos, con el educador y los demás niños; estímulos que les ofrecen los materiales, etc.

> «La actividad de recolectar nuevos objetos y la observación de los niños mientras exploran es una fuente de placer y de interés también para el adulto.»
>
> ELINOR GOLDSCHMIED

Es importante tener en cuenta la evolución de los niños y las niñas en el primer año de vida. En un grupo de niños pequeños, hacia la mitad del curso algunos de ellos empiezan ya a desplazarse, y su interés por el movimiento hará que los objetos del cesto vayan perdiendo importancia. Ahora podrán acceder con mucha facilidad a otros objetos y a los rincones de la sala de juego.

La maestra tendrá que saber organizar el espacio pensando en esta evolución, de manera que los pequeños que aún no se desplacen continúen teniendo su espacio de juego tranquilo, sin que los mayorcitos interfieran en su actividad. El educador determinará cuál es el mejor lugar para sentarse y observar el juego de los niños con los objetos del cesto y también el de los otros niños, a los que les habrá proporcionado materiales preparados para ellos con nuevos objetivos.

La maestra decidirá cuál es el mejor lugar para sentarse y observar el juego de los pequeños

La maestra ha de saber organizar el espacio, pensando en la evolución de los niños en el primer año de vida

Asimismo, dentro de su organización diaria, la maestra deberá determinar cuál es el momento más adecuado para la observación y la evolución del juego, ya que el ritmo vital y la atención que necesitan los niños de estas edades son más variables que los de edades posteriores.

Resultados

El juego con los materiales del cesto de los tesoros favorece:

INDIVIDUALMENTE

- La capacidad de *concentración*.
- La *utilización* de las manos y la implicación de todo el cuerpo.
- La capacidad de *escoger* entre muchos objetos.
- La capacidad de *exploración* de una gama muy variada de objetos y el descubrimiento de sus propiedades.
- Que el pequeño *aprenda solo y por sí mismo* sin depender del adulto.
- La estructuración del pensamiento.
- Que el niño actúe según su propio ritmo.
- El placer de la sorpresa.

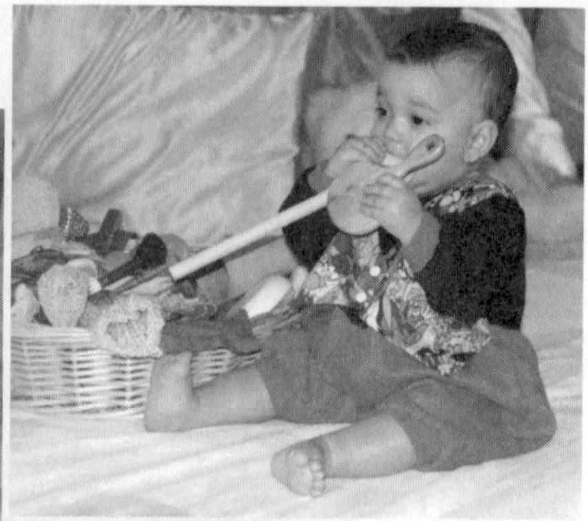

Capacidad de concentración

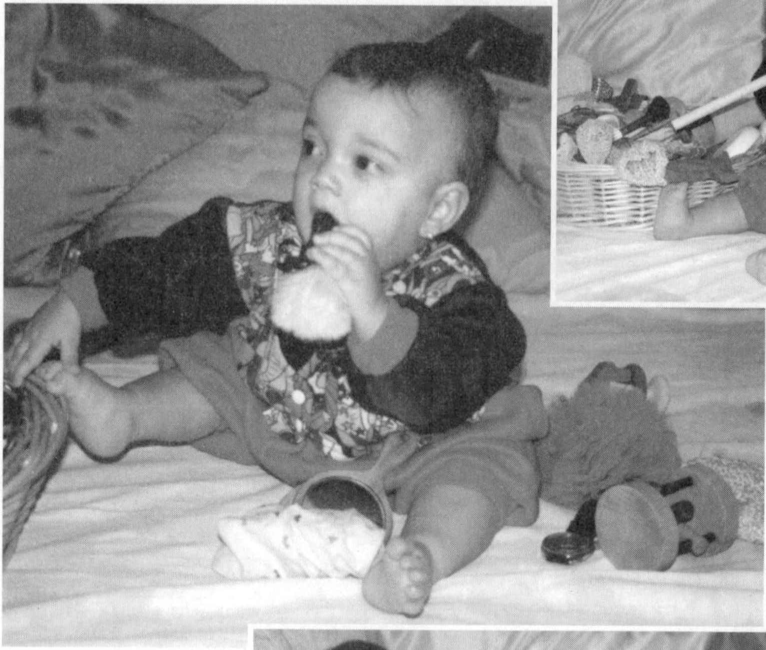

Colaboración de todo el cuerpo

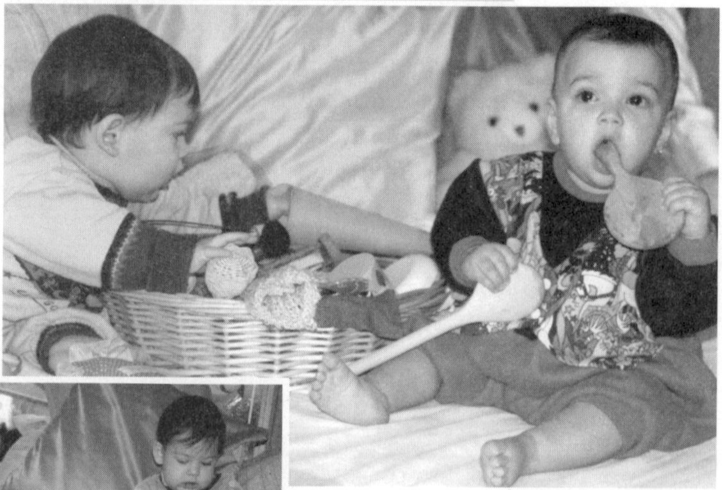

Capacidad de elegir

Utilización de las manos

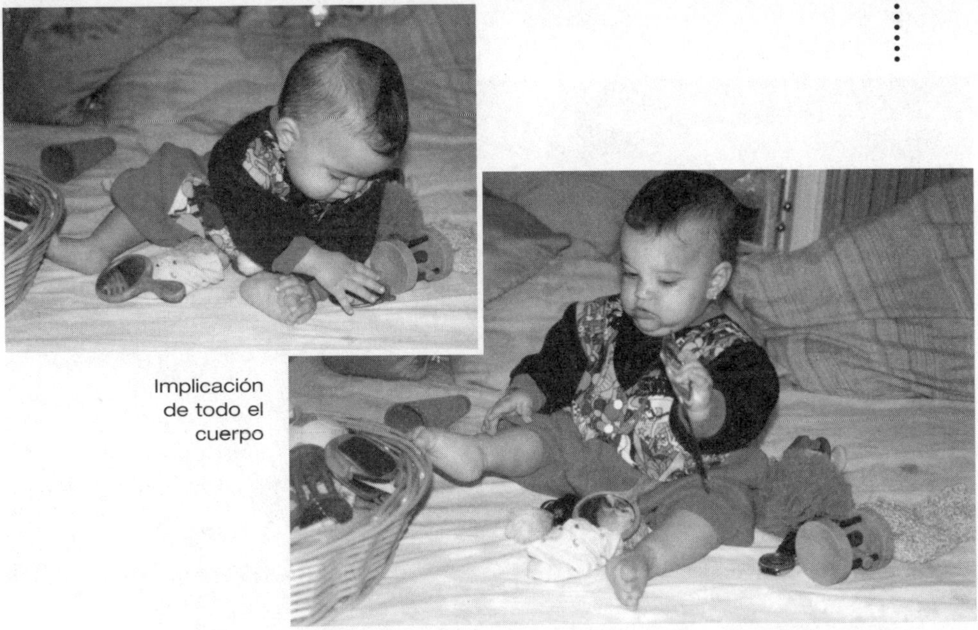

Implicación de todo el cuerpo

Explora y descubre las propiedades de los objetos

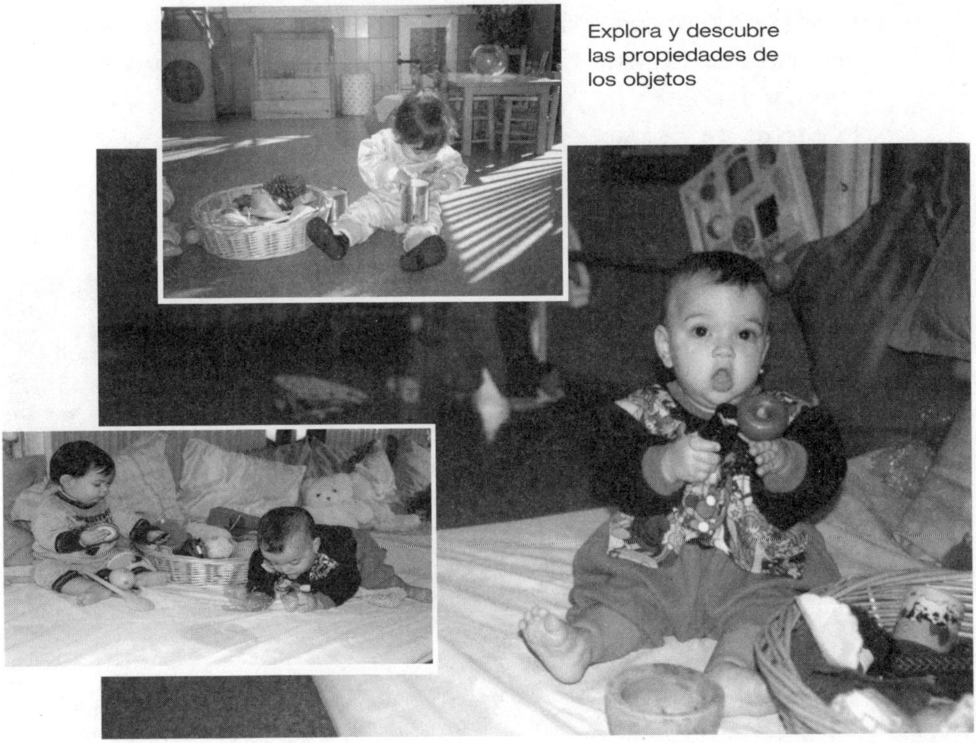

Actúa según su propio ritmo

Aprende solo y por sí mismo

En el grupo de niñas y niños

- Un *ambiente de paz* que propicia la *concentración* y la *acción*.
- El desarrollo de las primeras *comunicaciones* con sus iguales: miradas, sonidos preverbales, actitudes de compartir e intercambiar.
- El *interés* de los pequeños hacia los demás niños.
- La disponibilidad del adulto para todos los niños.

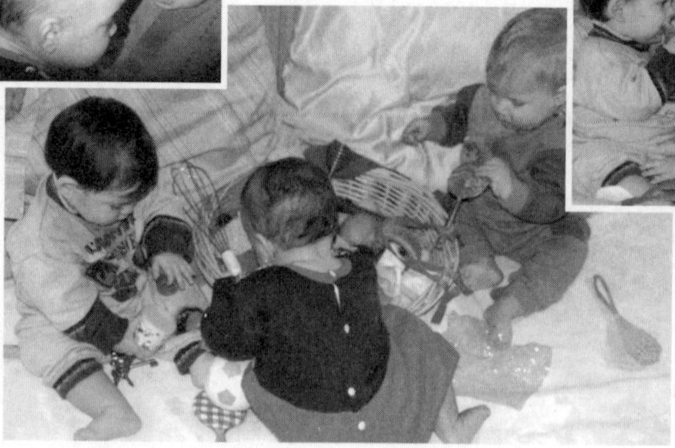

Ambiente de calma y concentración, miradas, interés mutuo... compartir

En el adulto

- La *observación* tranquila de las acciones de los niños, sin intervenir en ellas.
- Un *mejor conocimiento de cada niño* y de su ritmo.
- Un enriquecimiento de la *imaginación* y la creatividad mientras recolecta los materiales.
- El *aprender* junto a los niños, dándose cuenta de sus posibilidades creativas.
- Una reflexión sobre la propia formación.

El juego heurístico con objetos

PEPA ÒDENA

Una actividad de juego, en pequeños grupos...

... para niños entre 12 y 24 meses, en la escuela 0-3

¿Qué es?

El juego heurístico es una actividad de juego destinada a niños y niñas entre 12 y 20/24 meses, que tiene que llevarse a cabo en grupos pequeños (entre seis y diez niños), y está pensada como una continuación del «cesto de los tesoros».

Para poner en práctica el juego, se requiere que los niños previamente hayan tenido bastantes ocasiones de explorar objetos de diversos materiales y texturas.

El juego heurístico se desarrolla en la escuela 0-3 a lo largo del curso, en una serie de sesiones de número variable; también es variable la periodicidad, aunque se aconseja que entre una sesión y la siguiente no pasen demasiados días.

Para llevar a cabo el juego se necesita una cuidadosa preparación en los siguientes aspectos:

- disponer de un material concreto, inespecífico, no catalogado como didáctico;
- un espacio convenientemente preparado;
- un tiempo exclusivo y exento de interrupciones (tres cuartos de hora, o más, por sesión);
- la disponibilidad absoluta de una o dos maestras o maestros;
- una atmósfera de paz y tranquilidad en el grupo.

Actividad de combinación de objetos

El juego heurístico con objetos es una actividad que aprovecha las acciones espontáneas de los niños y niñas, al tiempo que las potencia. Asimismo, contribuye a estructurar el pensamiento, el lenguaje, la relación personal y las acciones de los niños. Tiene dos fases: durante la primera, los niños exploran el material y combinan unos objetos con otros; durante la segunda fase, orientados por el adulto y de un modo organizado, los pequeños recogen el material. No obstante, conviene decir que, aunque el juego heurístico complementa las demás actividades que se realizan habitualmente en la escuela, no las sustituye.

La maestra garantiza las condiciones del juego y motiva a los niños para que actúen libremente.

Equipamiento

El espacio

La actividad se realiza en la sala donde normalmente juegan los niños o en cualquier otro espacio que tenga las dimensiones adecuadas y que favorezca la concentración en la acción. Hay que prepararlo quitando del alcance de los niños todos los objetos que puedan distraer su atención.

El material

Hay tres clases de material: los objetos, los contenedores y las bolsas.

Los objetos

Se utilizan objetos que no tienen una finalidad lúdica preestablecida, pero que son fácilmente combinables entre sí: objetos recuperados de la naturaleza; recolectados en casa, en el comercio o en la industria; confeccionados expresamente para el juego, o bien comprados.

Han de ser fácilmente manejables y conviene conservarlos en buen estado; por este motivo, en cada sesión y en presencia de los niños, se retirarán las piezas que se hayan estropeado.

Debe haber bastante surtido: como mínimo, unos quince o veinte tipos de objetos distintos. De cada tipo, tiene que haber 50 unidades, con la correspondiente bolsa para guardarlos. Cuanto mayor sea el surtido, más variadas serán las combinaciones de objetos que se pueden ofrecer a lo largo de las diferentes sesiones del juego.

A continuación incluimos algunos ejemplos de objetos indicando su procedencia:

Objetos de la naturaleza

- Conchas
- Piñas
- Esponjas
- Guijarros pequeños

Objetos comprados

- Anillas de cortina (de madera)
- Cadenas finas (trozos)
- Flotadores de corcho (de los de las redes de pescar)
- Trozos de manguera
- Pelotas de ping-pong
- Bolas de corcho
- Rulos de peluquería
- Bigudíes
- Pinzas de tender
- Gomas de cafetera

Objetos confeccionados

- Trozos de tela
- Pompones de lana

OBJETOS DE DIVERSA PROCEDENCIA

- Pequeñas botellas o frascos de vidrio grueso
- Cilindros de cartón
- Tapaderas de tarros de mermelada
- Cintas, vetas y cordones
- Cajitas de madera, cartón, metal
- Servilleteros
- Conos de cartón
- Codos de tuberías (de cobre)
- Tapones de corcho
- Llaves
- Llaveros
- Bolillos
- Y otros procedentes de almacenes, fábricas, etc.

Los contenedores

Los contenedores son un material con unas características que los hacen susceptibles de contener otros objetos: cóncavos, sólidos, duraderos y fáciles de manejar por los niños y niñas.

Contenedores

Para utilizar como contenedores se aconsejan: cilindros duros (de cartón o metal), destapados por las dos bases o por una sola; botes de metal sin tapadera (como los de las conservas, de medio kilo o de kilo); cajas de madera, metal o similares, no demasiado grandes (como mucho, de 20 cm de base).

La finalidad de los contenedores es servir de receptáculo para un objeto o más, facilitar toda clase de actividades con el material de juego y favorecer las consiguientes experiencias de exploración.

Se colocan al alcance de los niños y niñas en el momento del juego, al lado del material. Se necesitan tres o cuatro contenedores por niño.

Las bolsas

Son de tela, aproximadamente de 50 x 50 cm, más o menos grandes según las dimensiones del material que debe contener; la abertura debe poder fruncirse con una veta. Se necesita una bolsa para cada tipo de objeto.

Una bolsa para cada tipo de objeto

El adulto ha de identificar con facilidad el contenido de las bolsas

Es útil guardar las bolsas colgadas

Las bolsas tienen un doble objetivo: conservar el material del juego bien clasificado cuando no se utiliza y permitir que puedan recogerse los objetos durante la actividad de juego.

Las bolsas son siempre del dominio del adulto, y no forman parte del material de exploración de los pequeños.

Desarrollo de una sesión

Antes de dar inicio al juego, la maestra tiene que realizar una labor importante de preparación, tanto en lo referente a la recopilación del material como en lo que atañe a su mantenimiento; en este sentido, es interesante que consiga que los padres y madres, otros maestros y personas cercanas a los niños participen en la recolección de los objetos que se necesitarán.

Al inicio de cada sesión, la maestra prepara la sala en donde se desarrollará el juego; aparta todo el material que no se va a utilizar y deja espacio libre para los elementos del juego heurístico; selecciona tres o cuatro tipos de objetos, según el número de niños; saca de la bolsa las 50 unidades de cada clase de objetos (ello hace un total de 150 piezas, si se trata de tres objetos, o de 200 si son cuatro), y prepara los contenedores. En el suelo de la sala, en cuatro o cinco puntos equidistantes, coloca sendos «focos de material». Cada foco está constituido por un puñado de objetos de los tres o cuatro tipos seleccionados y por algunos contenedores. Retira las bolsas. Y después se sienta en una silla y permanece sentado mientras va observando la actividad, preparado para intervenir cuando sea conveniente, y dando seguridad a los niños y niñas.

Aunque un adulto —siempre que se trate de la maestra o el maestro del grupo de niños— puede conducir él solo el juego, es mucho mejor que, si es posible, cuando se lleve a cabo la

Preparación sin la presencia de los niños: tres focos de material

Un foco de material

Preparación en presencia de los niños: la maestra organiza el espacio...

... y el material

actividad estén presentes dos personas adultas. Pero tanto en un caso como en el otro, es muy importante que el educador esté correctamente ubicado mientras los niños desarrollan la actividad: tiene que sentarse en una silla alta y situarse estratégicamente en un punto de la sala desde donde pueda ver y ser visto por los niños y niñas. Se ha de mover lo menos posible, sólo cuando sea imprescindible.

El juego tiene dos partes bien diferenciadas: la primera corresponde a la exploración y combinación de objetos y la segunda a su recogida.

Primera parte: exploración y combinación de objetos

Los niños encuentran el material esparcido por el suelo, o bien observan cómo la maestra lo va esparciendo. Actúan libremente con los objetos, los exploran y los combinan a su aire de maneras muy diversas. A continuación indicamos algunas de las posibles acciones:

— meter y sacar
— llenar y vaciar
— abrir y cerrar
— alinear
— hacer que se deslicen
— agrupar y separar
— emparejar
— colgar y descolgar
— tapar y destapar
— añadir y restar
— apilar
— encajar
— vaciar
— estirar
— apretar
— comparar
— empujar o pulsar
— girar
— oscilar
— modificar su apariencia

Y combinando los diferentes materiales descubren que:

— las cosas caben, o no, unas dentro de otras;
— se aguantan o se caen;
— unas son más grandes o más pequeñas que otras;
— algunas ruedan, otras se mantienen quietas;
— algunas encajan bien, otras no;
— hay objetos cuya apariencia se modifica dependiendo de cómo los tocas;
— algunos resultan agradables y otros desagradables.

Mientras realizan la actividad de descubrir, los niños y niñas van tomando conciencia de las leyes de la naturaleza (de la gravedad, del equilibrio), y de las propiedades de los objetos (dimensiones, volumen, peso).

Meter bastoncillos dentro de un cilindro

PINZAR:

1) con una aguja de tender pinza un pompón y se acaricia;

2) se complace con el espectáculo;

3) cambia de mano

APILAR:

1) un cilindro encima de otro;

2) hay que encontrar la colocación precisa para que no se caiga;

4) la actitud de aceptación de la maestra estimula al niño a continuar con más material

3) esperando la aprobación de la maestra...;

Dos cadenas y dos contenedores

Concentración del niño en la actividad, con una cadena y un contenedor:

1) intentos de colgarse la cadena en el cuello con una mano...;

2) ... con la otra mano;

3) observación: la forma de la cadena varía;

4) la cadena se acorta y cabe dentro de la mano

5) por partes, va introduciéndola en el contenedor;

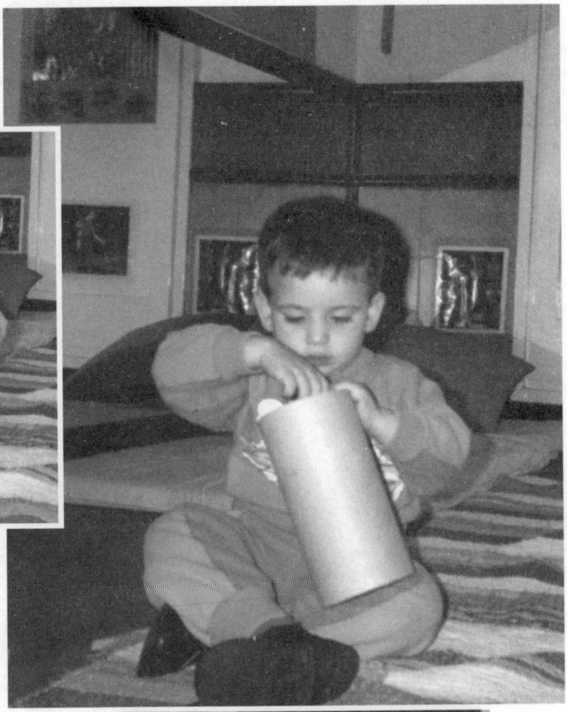

6) pasa por dentro, ¡se cae!;

7) vuelve a cogerla;

8) nuevo intento de introducirla

Diferentes intervenciones de la maestra durante la exploración:

1) hace alguna sugerencia individual;

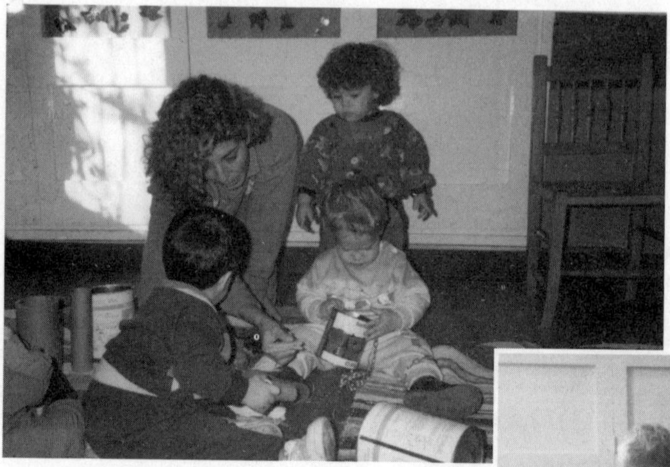

2) anima a un niño;

3) reordena el material

El adulto, presente y discreto, con la mirada atenta, una actitud receptiva y disponible para los niños, observa la actividad de todos ellos y sólo interviene cuando hace falta; por ejemplo, para:

— animar a la acción a algún niño demasiado indeciso;
— evitar que los niños se interfieran entre sí;
— volver a ordenar los objetos que se hallan excesivamente dispersados y colocarlos de nuevo de un modo atractivo;
— hacer alguna sugerencia individual;
— responder a la pregunta de algún niño;
— mantener siempre un ambiente de calma en el grupo;
— y sobre todo, intervenir cuando se hace evidente que conviene empezar a recoger los objetos.

Esta primera parte puede durar unos 20 o 25 minutos, a veces más. El tiempo vendrá determinado por el grado de concentración de los niños en la actividad, y a la maestra le toca decidir cuándo es el momento oportuno para poner fin a esta primera parte y empezar la siguiente. Cuando la atención de algunos niños empieza a decaer, es un buen momento para acabar. No obstante, puede haber excepciones, por ejemplo cuando resulta imposible conseguir un clima general de concentración; en este caso, es mejor concluir aunque tan sólo hayan pasado cinco minutos.

Segunda parte: recoger los objetos

Es el momento de agrupar todo el material. Los niños cogen del suelo los objetos y los van poniendo dentro de la bolsa correspondiente, que les ofrece la maestra. En esta segunda parte, el adulto es el encargado de dirigir la actividad de los pequeños.

Es una continuación de la actividad anterior, tanto o más interesante que aquélla. Ejercita la movilidad de los niños y niñas, ya que, para casi todas las piezas, han de trasladarse de un lado a otro. Les ayuda a estructurar el pensamiento cuando clasifican los objetos para introducirlos uno a uno en su bolsa correspondiente, y cuando «colocan» la palabra del adulto sobre cada uno de los objetos con que interactúan y sobre cada una de las propias acciones.

RECOGER:

1) la maestra inicia la actividad de recoger...;

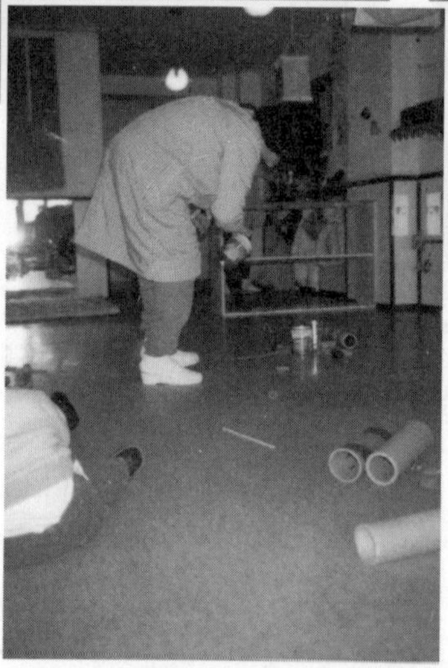

2) ... retirando los contenedores que ya no se usan;

3) prepara las bolsas...;

4) ... mientras un niño se interesa por su acción

ACTITUD DEL ADULTO:

1) la maestra permanece sentada y orienta verbalmente la actividad de los niños;

2) las palabras de la maestra ayudan a los niños a interiorizar diferentes conceptos y nociones;

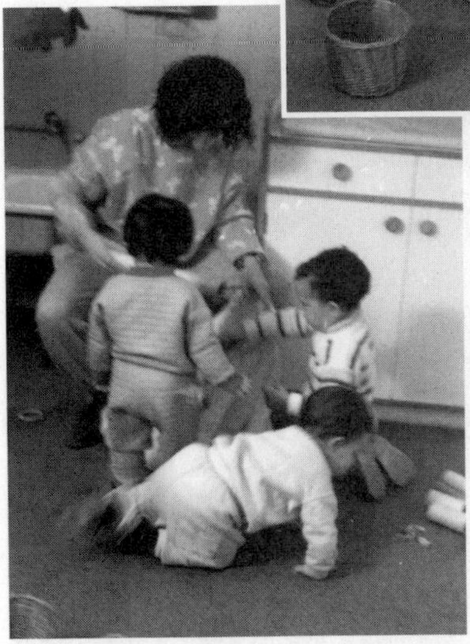

3) atiende a que todos los niños participen en el juego;

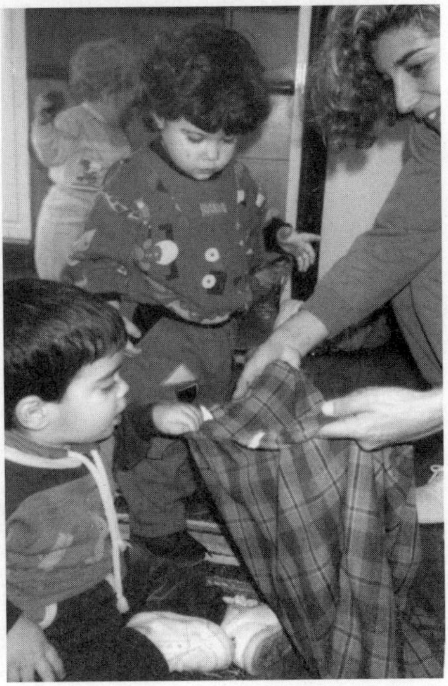

4) una vez dentro de la bolsa, el objeto se puede mirar, pero ya no se puede tocar

Actividades de los niños: descubrir objetos y el placer de recogerlos, cada uno a su aire

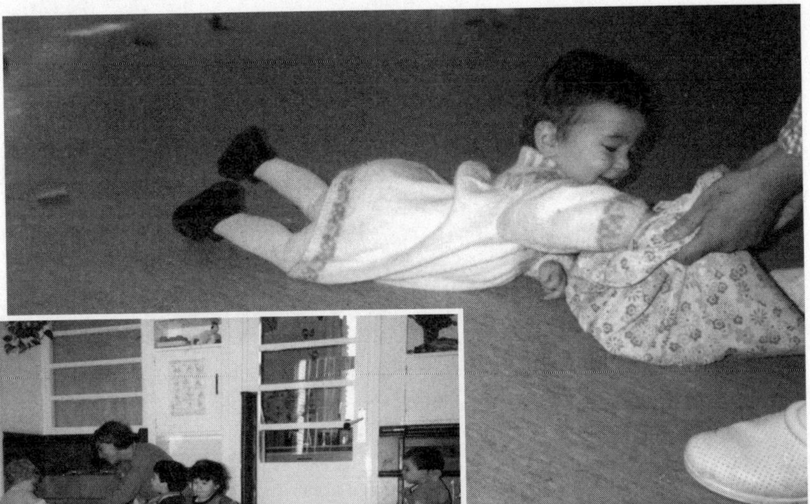

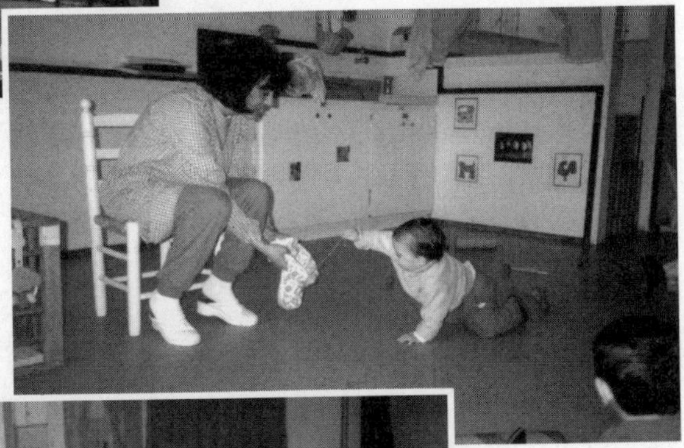
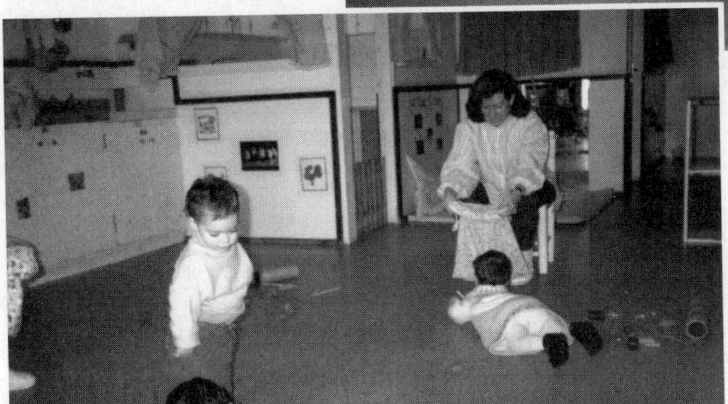

Una secuencia de la actividad de recoger:

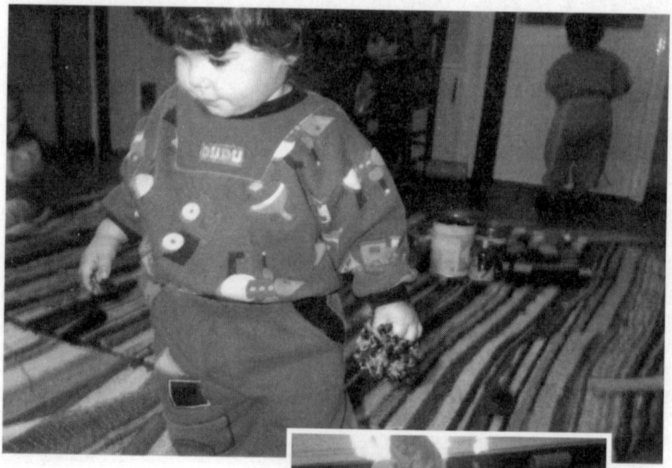

1) lleva un pompón en la mano izquierda;

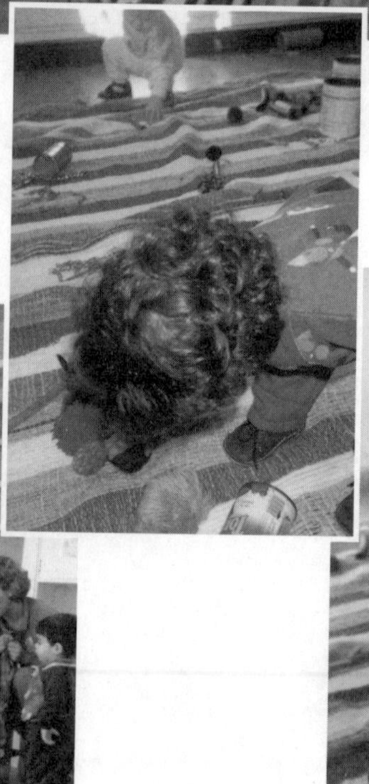

2) coge otro con la mano derecha;

3) disfruta explorando uno, mientras va a colocarlos en su sitio;

4) ya los ha dejado y vuelve a por más

5) repite la acción de recoger: un pompón con la mano derecha...;

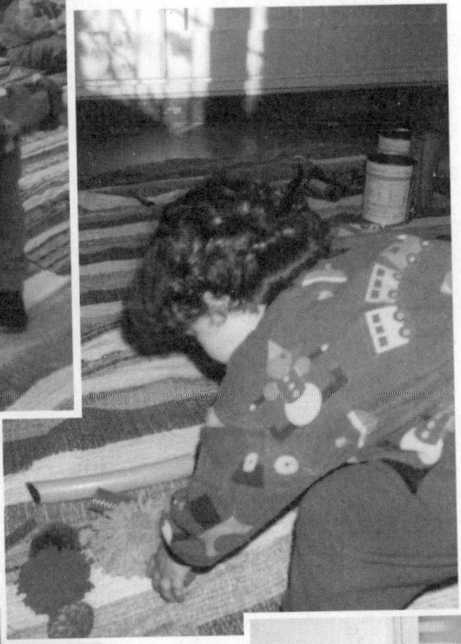

6) ... y otro con la izquierda;

7) ¡conviene pensárselo bien antes de abandonarlos!;

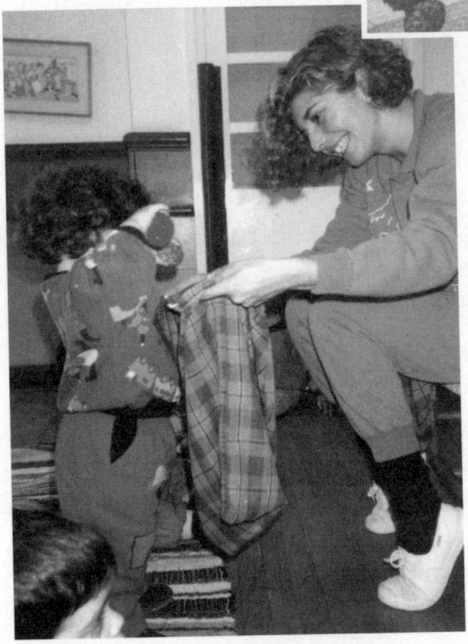

8) decididamente..., ¡hay que dejarlos caer!

El adulto es quien empieza a recoger los objetos, retirando los contenedores que ya no se utilizan e invitando directamente a algún niño o niña a que le acompañen; concretamente, a los que muestran señales de cansancio o de haber agotado las posibilidades de continuar combinando objetos; al darse cuenta de que sus compañeros están recogiendo, el resto del grupo se va añadiendo por propia voluntad.

En la segunda parte, el educador, que permanece sentado todo el tiempo, tiene un papel verbalmente activo. Nunca recoge los juguetes esparcidos por el suelo, sino que su actividad se centra en el lenguaje. A diferencia de la primera parte, durante la que mantenía su rol de observador intencionadamente silencioso, ahora sus palabras orientan con precisión la actividad de los niños y niñas.

El adulto utiliza un lenguaje muy esmerado: no hay palabras de más ni de menos, sólo emplea las necesarias para orientar y estimular la actividad de recoger que realizan los niños, al mismo tiempo que va ayudando a cada uno de ellos a interiorizar conceptos. Las palabras del adulto preparan la formulación de las nociones que el pequeño está configurando con su acción. El adulto indica al pequeño el *nombre* del material, verbaliza el *lugar* en donde éste se halla en relación a otros objetos, menciona la *cantidad* («mira, debajo de la silla hay dos tapaderas, ¡tráelas!») y lo invita a *actuar*: coger, llevar, introducir dentro de la bolsa correspondiente, etc. Le muestra su complacencia por el trabajo realizado. La maestra pone mucho esmero en que todos los niños participen en el juego y en que la sala quede totalmente en orden. Los niños se encargan de recoger todo el material.

La duración de esta segunda parte es similar a la de la primera. Para que pueda llevarse a cabo con tranquilidad y eficacia, es muy importante que la maestra sepa acertar cuál es el momento adecuado para empezar a recoger, y que evite llegar a un punto en el que los niños se cansen y pierdan totalmente el interés por el juego.

Cuando ya han terminado, la maestra puede invitar a los niños a que la acompañen hasta el lugar donde se guardan las bolsas. De esta manera los pequeños son más conscientes de que el juego ha finalizado.

La maestra

¿Qué observa y por qué?

La maestra debe controlar tanto el progreso de los niños como la evolución de la tarea educativa que se ha propuesto. En todo momento tiene que saber qué quiere conseguir, qué medios debe poner en juego, si está obteniendo, o no, los resultados que pretendía y si estos resultados son los que necesitan todos y cada uno de los niños. Y sobre todo, ha de saber qué modificaciones le conviene proponer en lo que respecta a: la duración de la actividad, el material ofrecido, la adecuación del espacio, su intervención en tanto persona adulta y al ambiente en general.
En este sentido, incluimos algunas cuestiones que pueden ayudar a reflexionar:

— ¿Los niños son activos? ¿Combinan materiales, o se aburren y perturban el juego? ¿Por qué?
— ¿Tienen iniciativa propia o para actuar necesitan que la maestra les oriente y anime?
— ¿Se concentran en la actividad? ¿Se distraen? ¿Se dispersan? ¿Cuánto tiempo dura su concentración? ¿La actividad de cada niño es variada? ¿Encuentra nuevas posibilidades según el material o se estanca en un solo tipo de acción u objeto?
— ¿El material propuesto es el adecuado? ¿Hay demasiado? ¿Es insuficiente? ¿La selección de los cuatro objetos invita a la exploración o es poco sugestiva? ¿Por qué? Cuando llega la hora de recoger, ¿qué es lo que entienden los niños que se les pide?: ¿llevar los objetos a la maestra?, ¿meterlos dentro de una bolsa?, ¿en una bolsa específica?

— ¿Las palabras y frases pronunciadas por la maestra son las adecuadas para que los niños y niñas entiendan exactamente qué quiere? ¿La maestra habla poco? ¿Habla demasiado? ¿Por qué?
— ¿Qué medios se utilizan para comprobar el progreso del niño en cuanto a la comprensión de las normas del juego a lo largo de las diferentes sesiones? ¿El ambiente es lo bastante tranquilo? ¿No? ¿Por qué causa?

Estas preguntas y otras parecidas invitan a las maestras y los maestros a reflexionar, y también pueden serles de ayuda para modificar propuestas, actitudes y recursos, ya que aportan un enriquecimiento a los niños en cada nueva sesión de juego.

¿Qué consigue el juego?

Con el ejercicio continuo del juego heurístico se llega a conseguir que los niños:

— Den un gran paso adelante en la estructuración de su pensamiento.
— Aumenten la capacidad de comprensión verbal debido a que relacionan hechos y sucesos concretos con el lenguaje.
— Concentren la atención en su propia actividad con los objetos y en las orientaciones que da la maestra.
— Conozcan algunas propiedades de los materiales que manipulan y cómo se comportan éstos cuando entran en contacto entre sí.
— Trabajen de un modo autónomo, cada uno a su ritmo y, dentro de la oferta hecha por la maestra, con libertad para elegir los materiales.
— Experimenten sentimientos de éxito y satisfacción en su actividad.
— Valoren el material, lo conserven y lo respeten.
— Acepten y respeten la presencia activa de otros niños.

— Pongan en práctica un tipo de actividad que estimula la colaboración con el adulto.
— Mantengan una atmósfera de calma y de silencio, positiva para que la actividad se desarrolle correctamente.
— Generen un ambiente exento de las agresiones mutuas que con frecuencia se producen en los niños de estas edades, debidas a su gran movilidad y a su todavía incipiente capacidad de comunicación.
— Adquieran hábitos de trabajo.

Con el ejercicio del juego, el adulto tiene ocasión de observar con tranquilidad la actuación de los niños y niñas, y de este modo conocerlos mejor; asimismo, puede tener una visión global del grupo y al mismo tiempo mantener un cierto distanciamiento respecto a éste. Todos estos hechos le facilitan la reflexión.

Para más información

ÁLVAREZ-VILLAMIL, C. y C. ÁLVAREZ PLAZA: «Participación de las familias en el cesto de los tesoros», *Infancia* 51, Barcelona, 1998.

ANGLÍ, M. y A. CUCALA: «El Joc Heurístic», *Guix*, 139, Barcelona, 1989.

BINIÉS, P.: «Descubrir el entorno cotidiano», *Comunidad Ecolar*, 469, Madrid, 1994.

FERRANDO, Q. y M. JUBETE: «El Joc Heurístic. Una proposta d'activitat per als infants d'un a dos anys», *Guix*, 147, Barcelona, 1990.

GOLDSCHMIED, E.: *Sei mesi ẹ gia al lavoro* (vídeo), Londres, Anarres Video Production, 1987.

—*Educar l'infant a l'escola bressol,* Barcelona, A. M. Rosa Sensat, 1998 (col. «Temes d'infància», 31). En preparación la versión castellana.

—«El cesto de los tesoros», *Infancia* 64, Barcelona, 2000.

GOLDSCHMIED, E. y S. JACKSON: *La educación infantil de 0 a 3 años,* Madrid, Morata, 2000.

MAJEM, T.: «El cesto de los tesoros», *Aula*, 62, Barcelona, 1997.

MAJEM, T. y P. ÒDENA: «El juego del descubrimiento de objetos. Actividades de juego para los dos primeros años de vida», Congreso de Infancia, Barcelona, A. M. Rosa Sensat, 1994 (col. «Temas de infancia», núm. extraordinario).

ÒDENA, P.: «El juego de descubrir objetos en la escuela infantil», *Infancia*, 15, Barcelona, 1992.

—«Joc de la descoberta d'objectes», *Educació infantil. Llar d'infants*, Barcelona, Generalitat de Cataluña, Departament d'Ensenyament, 1993 (col. «Unitats de Programació», 4).

Agradecimientos

Por las fotografías publicadas en este trabajo agradecemos la colaboración de:

La niñas y los niños

Nereida Alba
Víctor Almagro
Pau Arcalis
Cristina Cogolludo
Laura Cuenca
Marta Gálvez
Nisrin Hamdaoui
Nihad Hamdaoui
José Gázquez
Marc Llorente
Erik Masip
Susana Merino
Pau Milan
Javier Mingueza
Marc Quindós
Chantal Ramírez
Tatiana Rodríguez
Nil Rosell
Patrícia Sallarès
Noemí Soler
Pau Sotelo
Beatriz Tocados
Cèlia Valero

Maestras

Marta Buxó
Àngels Hugas
Casilda Izquierdo
Montserrat Jubete
Argentina Miguélez
Lluïsa Ramírez

Escuelas 0-3
del Instituto Municipal de Educación, Ayuntamiento de Barcelona

El Cargol
El Castell
Mont Tàber
Nenes i Nens